강영환 시집

침묵

강영환 시집-가슴에 내리는 시 142

침묵

지은이 강영환
펴낸이 최명자

펴낸곳 책펴냄열린시
주소 (48932)부산광역시 중구 동광길 11, 203호
전화 010-4212-3648
출판등록번호 제1999-000002호
출판등록일 1991년 2월 4일

인쇄일 2024년 7월 13일
발행일 2024년 7월 15일

ⓒ강영환, 2024. Busan Korea
값 12,000원

ISBN 979-11-88048-97-7 03810

• 저자와 협의하여 인지를 붙이지 않습니다.
• 잘 못된 책은 바꿔 드립니다.
• 이 책의 내용 중 일부 또는 전부를 저자 및 출판사의 동의없이 사용하지 못합니다.

자서

내 시는 침묵이다. 침묵에서 출발한다. 침묵도 언어다. 침묵 속에서 내 언어를 찾고 싶다.

저녁노을이 가까워질수록 말이 줄어든다. 문장에 남아 있는 말없음표가 더 많은 말을 간직한다.

때없이 찾아오는 언어를 손절하지 못해 거처를 마련해 준다.

침묵은 나의 화두다. 진실한 의미는 말을 떠난다.

내 모든 이웃에게 감사를 전한다.

2024. 7
강 영 환

목차…4
자서…3

제 1 부

물을 기다리며…11
도시 그늘…12
도시 위에 오줌통…13
침묵…14
화석…16
하늘로 가는 발자국…17
물끄러미…18
빨간 고독…19
부산역에서…20
물바닥…21
누이를 찾아서…22
흐르는 섬…23
닫힌 도시…24
막차…25
삐딱이…26
짐 싸기…27
장례식장에서…28
묵은 골목…29
행복한 노예…30
외톨이…31

하얀 책…32
마침표…33
낮은 것들끼리…34

제 2 부

바람개비…37
갈대잎에 듣는다…38
달마가 서쪽에서 온 까닭…40
비의 계단…41
불혹…42
은행나무 아래…43
오십견…44
소금 배달부…45
파도 화석…46
구름에 숨다…47
물 뿌리는 남자…48
그리운 달빛…49
칼과 커피…50
침묵이란 말…51
서정시를 위하여…52
나의 분노…54
무장사지에서…55
사월 꽃씨…56

봄에…57
바퀴자국…58
북항…59
바닥을 사랑한다…60
환을 친다…62

제 3 부

집으로 가는 길…65
잠간동안…66
눈물 차이다…67
지상을 향하여…68
강끝에 앉아…71
높은 습지…72
봄-산행…73
굴렁쇠…74
우리들의 사랑법…76
순례…77
그늘 밝은 자리…78
구르는 돌…79
시인의 잠…80
뿌리의 마음…82
물통…83
구봉산 가는 길…84

빛이 사는 숲…85
촛불거리…86
철새 도래지…87
슬픔은 북새통을 간다…88
허기…90
빈손…91
냉동실 시집…92
떠도는 꽃…93
문…94
꽃을 삼키다…95
유리벽 하늘…96

제 4 부

구멍…99
그대 마음을 먹고 싶다…100
불면의 이유…101
치마와 전쟁…102
삼 센티미터…103
하얀 아우성…104
가위와 풀…105
늙은 사랑이 있다…106
포트 홀…107
소금과 침묵…108

웃지 못한 얼굴…109

독거 1…110

독거 2…111

송현이…112

안개…114

두 벽시계…115

아파트 숲…116

나에게 바다를 선물한다…117

날아가는 그늘…118

뿌리…119

구골목서에 집을 짓다…120

청연…121

다르지 않다…122

초록 식사…123

물처럼…124

●후기/ 침묵도 언어다…125

제 1 부

물을 기다리며

일만 년 묵은 도시가 내게 있다
그 견고함 속으로 걸어가서 나는
모퉁이 돌아올 물을 기다리며
이웃이 다하지 못한 풀꽃을 피운다
간 빼먹고 내뺀 손을 탓하지 않고
풀꽃 손끝으로 움켜쥔 구름이
물기둥을 붙들고 일어 선다
살아있는 풀잎은 모두 물이 되어 돌아온다
우리가 만날 곳은 어디인가
떠나는 이웃은 누구도 돌아 보지 않고
길과 길이 교차해 가는 건널목에서
고통으로 숨찬 검은 유리창을 무너뜨린다
색깔 바꾸며 걸려있는 신호등이 떠난 뒤에도
목마른 그 도시에 들어 속빈 강은
어둠 데리고 달아난 강물을
다시 일만 년이 기다린다

도시 그늘

나는 동거해 온 도시를 버린다
어둠에 빠져 있던 건물 그림자가
뼈와 살이 출렁이는 지진을 품는다
전등갓 흔들리는 식탁 위에 놓인
갈라진 땅 어둠 속에는 내가
유리잔 바닥에 기르던 새와
어깨 부딪히며 걷던 숲길을 숨긴다
더 이상 불빛이 되지 못한 바다와
살빛 출렁이는 골목길을 주머니 속에서
갈라진 틈으로 쉽게 떠나보냈는지 모른다
외톨이로 남겨진 지상에
무너진 불빛을 거두고
언제 무너져 내릴지 모를 돌탑을 쌓으며
흔들리는 내게 돌아오지 않는 새를 기다린다
모퉁이에서 잠을 쫓고 있다

도시 위에 오줌통

고층 그늘 속 포장마차 옆에 놓인 오줌통이
언제부터 나를 기다리고 있었는지
누렇게 부운 얼굴로 떠있는 초승달이
속살 흔들림을 멈추지 못한다
낯바닥 숨겨 주는 구름에도 부끄럼없이
오줌보 터질듯한 표정을 짓고
창백한 어둠을 헤엄쳐 간다
날카로운 피뢰침 손가락질을 피해
자주 뒷걸음질 쳐 가는 일이 많은
아직도 끝나지 않은 길이 먼
포장마차에 들렀다가는 젊은 사내들은
떨어지는 오줌 줄기가 거세어질수록 달은
참을 수 없는 떨림으로 몸서리친다

침묵

내가 아픈 그늘은
누가 깨워주지 않아 침묵한다
산그늘이 숲을 덮고 새가 어둠에 드는
작은 그늘이 모여 큰 어둠이 된다
그늘은 이불 속에 슬그머니 스며들어
얼굴에 빛을 지우고
더 깊은 어둠으로 가라 앉는다
그늘은 빛이 만든다
이마를 비추던 빛이 몸을 껴안을 때
그늘은 발등을 덮는다
식탁 위에서는 말이 지워진다
그늘은 늘 침묵을 먹는다
작은 그늘이 큰 그늘에 덮여 사라진다
작은 그늘은 스스로 깊어져서
자신이 갈아 앉은 바닥 깊이를 알 수 없다
침묵이 가닿은 깊이는 갈증이 도달한 높이다
작은 그늘이 짙어져 눈을 뜨는 것처럼
쉬이 속내에 이를 수 없다

지워지지 않도록 입술을 칠하고
침묵 밖으로 나설 수 있도록
나서서 춤출 수 있도록
더 짙은 눈썹과 빛나는 살갗을 갖는다
돌아 서서도 눈물 훔치지 않는
거울밖을 보여주지 않는다
내 안에 나를 덜어낸 자리
그늘은 길이 깊이 침묵한다

화석

그 도시에 파랑새가 날아왔다가
숨을 멈추고 돌이 되었다
하늘을 잃어버린 탓인지
눈에는 가득 구름만 채운다
돌이 된 새를 만나러 몰래
숲속 새들이 몰려 왔다가
다시는 돌아가지 않는다
도시는 굴러다니는 돌 투성이로 쉽게 저물고
바닥에는 새가 남겨놓은 새똥이 맨발로
하늘 가슴을 날아다닌다
천년 후 발굴된 새가 하늘로 간다

하늘로 가는 발자국

회색 광장 옆 건물 벽을 타고
누가 하늘로 걸어갔는지
커다란 발자국 길이 나있다
둘이 아닌 발자국 여럿을 두고 사람들은
시선을 거두지 않는다
비와 바람이 그 발자국에 깃들고
눈과 말이 그 안에 쌓인다
하늘로 걸어간 발자국은
몇 만 년 후에도 지워지지 않는다
건물이 헐리고 광장이 없어진 뒤에도
커다란 발자국 하나가 보란듯이
검은 하늘로 걸어간다

물끄러미

차단기가 내려진 경부선 철도 건널목
건너편에 멈춰 선 낯선 이들을 물끄러미
그들 또한 이쪽을 물끄러미
나의 물끄러미에 빠져드는 그들과
그들 물끄러미에 빠져드는 나와
차단기 사이에 놓여진 두 물끄러미
가 온전한 사랑을 만들 수 있을까
물끄러미와 물끄러미 사이에 놓여진 경부선을
비명으로 지나가는 기차가 지워질 수 있을까
천년 후 차단기가 올려졌을 때
경부선 물끄러미가 나를 보고서서 오랫동안
텅 빈 침묵으로 다시 기차를 기다릴 뿐
전염된 물끄러미가 기차를 타고 간다

빨간 고독

사람들이 외출해 버린 휴일 도시
건물 모퉁이에는 등을 맞댄 두 사람이
담배 불로 누군가를 기다린다
어둠이 깊어갈수록 붉게 타는 가슴이
숱한 연기를 뿜어 올린다
따뜻한 불꽃이 어둠을 태운다
그들이 기다리는 이웃은 어디쯤 오고 있는지
머리끝에서 발끝까지 연기로 채워 넣고 있는
두 침묵이 피우는 빨간 고독이
도시를 온통 자물쇠로 채우고 있는 듯
외출한 사람들은 돌아오지 못한다

부산역에서

숨 가쁘게 종착역에 내린 기차는
큰 가방을 내려놓고 힐끔 돌아본다
등뒤에서 건물들이 소리 없이 주저앉고
지나온 길들이 무너져 내린다
개찰구 밖에 마중나온 사람이 없다

강물이 떠난 사실을 모른 채
무너진 길을 간다 사람들은
누가 길들을 하강하게 만드는지 모른채
가슴 속에서 꺼낸 바람으로
바다에 발자국을 찍고 싶다

다음 열차가 당도하자
얼굴 지워진 사람들이 다시 내린다
다시는 돌아가지 않으려는 듯
차표를 찢어 바다에 던져 넣는다
모든 길은 바람 끝에 당도한다

물바닥

가슴이 없는 그 해변 도시에는
낮게 흘러가는 물이 산다
햇살 받아 쫑알거리기도 하고
바람 맞아 흐느끼기도 하는 물은
이웃과 얼굴 붉히며 철없이
벽에 부딪혀 돌아서기도 한다
때로는 물구나무서서 계단을 걷기도 하고
밤 뒷골목을 가슴 조이며 가기도 한다
스스로 멈춰 설 힘이 없으므로
제 가는 풍경을 남 먼저 바꾼다
누구도 벗어나지 못한다 그 길에
누워 있는 몸을 세우지 못한다
그러나 재빨리 흐르는 물은
지하로 스미기를 거부하며
지상에서 소용돌이 친다
그 도시 바닥이 모두 젖는다

누이를 찾아서

누이를 찾고 있었네 그 도시
아파트 불투명한 유리를 꺾어 넣으며
꽃밭 금잔화 그늘 속으로
모퉁이 돌아 올 버스를 기다리는 누이를
길 건너 이층 전통 찻집에서 기다리네
큰길을 따라 강물처럼 흘러가는 사람들은
길을 잃지 않네
눌러 쓴 모자가 만든 그늘을 따라
내 누이도 긴 속눈썹 달고 걷고 있네
그 도시는 온통 그늘뿐이어서 누이는 숨었네
애완견점 우리속 목청 잃은 하이에나가
누이 목에 사슬을 걸어 끌고 가네
물 마른 강둑길로 돌아보지 않고
잎 진 은사시나무 그림자 속을 걸어가네
내 누이 긴 머리카락을 잘라
누구도 알아 볼 수가 없네

흐르는 섬

섬은 갈매기 똥을 머리에 이고
빈 터에 내 준 집을 껴안고
뿌리까지 시린 홀로 선 침묵들
흐르지 않고는 견딜 수가 없다
아가들 작은 발자국소리에도
털보숭이 다리를 잽싸게 놀리며 돌 틈으로 숨는
게딱지만한 집에 사는 게들도 함께 흐른다
구멍난 돌담 낮은 지붕에 소금끼가 살고
물결 반짝이는 파도를 뭍으로 내보내며
졸라대는 달빛 따라 섬은 흐느낀다
홀로 가리란 다짐은 멀지 않아도
멀미로 쏟아낸 숱한 물거품 끌어 안고
닿아야 할 항구도 없이 흐른다
떠가는 섬에 내려선 갈매기 따라
별이 담긴 눈동자로 떠난 뒤 섬은
지나온 바다를 다시 건너지 않는다

닫힌 도시

자물쇠를 풀고 해변도시에 든다
계선주에 목을 매달고
숨이 붙어 있는 가로수 길을 건넌다
낯설기만 한 방에 불을 켜고 먼저
내 안에 자리를 마련할 때
내가 버린 시계가 얼굴을 들고
품에 와서 목쉰 울음을 토한다
얼마나 오래 기다렸느냐
어부들이 떠난 선착장에 등을 기댄
물결 출렁이지 않는 포구 주점
스위치 올리자 갇혀있던 불빛들이
어둠을 물리치고 나를 달랜다
나는 돌아 누울 수가 없다
물고기를 껴안고 탁자 위에 그림으로 앉으면
시계도 기다리는 물고기를 가졌을까
돌아와 제 길대로 깊어지는 파도들이
항구 도시 겹겹한 자물쇠를 푼다

막차

파도가 사는 그 도시 지하에는
바다로 가는 기차가 산다
물고기 승객들로 가득한 객차는 떠나고
막차를 타지 못한 물고기들이
떠난 기차를 그리워해도 소용이 없다
왼쪽으로 꺾은 고개가 많아져도
새로 차를 만들지 못한다
한두 마리씩 정거장에 모여들지만
마찬가지로 갈 곳이 없다 더 이상
출구가 막힌 수족관에 남아 있을 수도 없다
거리는 싸늘한 신호등이 자리를 잡고 서있어
그곳에는 무엇도 남아있지 못한다
어둠 쪽으로 고개 돌린 빈터만 있을 뿐
기다려도 막차는 잠들고
자정에 바다는 가까이 오지 않는다

삐딱이

바로 걷는다는 것이 자꾸만
옆으로 쏠리는 어깨다
책이 삐딱하게만 읽혀질까
나무는 물구나무서서 노려 본다
다리를 저는 것도
눈이 사시인 것도 아닌데
넓은 길 벽에 부딪히는 가슴은 시리다
생각 밖에서 부딪히기만 하는 신호등
대낮인데도 길이 힘들고
허기져 눈이 풀린 것도 아닌데
자꾸만 왼쪽으로 쏠리는 걸음걸이
꽃 피고 새 노는 책장 속에다
삐딱한 나를 숨겨 넣는다

짐 싸기

떠나기 위해 짐을 싼다
지퍼를 열고 가방 안을 들여다 볼 때
아득한 속 뒤에서 아내가 간절하게
"무엇이 보입니까"
어둠 바닥에 남아있는 지난번 가출
오랫동안 사용해 주지 않아 쓸쓸해 보이는
보라색 칫솔을 꺼낸다
반가운 표정으로 되살아난 이빨들이
천년 전 원시 숲을 기억해 낸다
가방 속 한 마리 파충류가
긴 혀로 풀냄새를 맡아내고
먹이를 향해 천천히 동공을 굴리며
이빨 사이 섬유질을 꺼내 들고
숲 태초 어둠을 풀고 있다
그 원시로 출가한다

장례식장에서

눈물과 가깝지 않은 죽음이 어디 있느냐
흘끔거리며 엿보고 지나는 신발 바닥에도
짠한 눈물 남기는 영정이 있다
어린 상주 옆에 선 여인이나
웨딩드레스로 웃음 짓는 얼굴 앞에서는
누군들 슬픔을 불러오지 않을 수 없다
고개 숙인 눈빛들이 많이 드러날수록
장례식장에는 깰 수 없는 무거운 우울이 누워
사람들은 키를 낮춘다
술잔을 입술 가까이 당긴다
해가 기웃할수록 조문객들은 더 모여들고
무거운 슬픔을 견디지 못해 빠져나온 사람들이
주변 빈터를 어슬렁거리거나
담배를 피워 물고 고인의 생전을 말하거나
짐짓 어느 먼 바다에 전화를 건다
그때마다 저물어 가는 하늘이 무섭다

묵은 골목

산동네 빈틈없이 쌓아올린 견칫돌 틈새
작은 파란 눈이 매달려 있다
눈끼리 손을 잡고 벽을 타고 오르다가
외등 불빛에 놀라 멈춰 선
수줍은 몸 감추는 파란 눈은
내가 눈을 주기 시작한 그때부터
민들레는 내게 말을 걸어 왔다
목이 마르다는 말보다
사랑이 흐르는 젖줄이 보고 싶다고
조용히 귀엣말 한다
내 몸에 흐르는 강물 불러내
눈에서 몹쓸 충혈을 빼가고
아무 것도 해 줄 수 없는 나는
그냥 돌아 올 수 없는 웃음이기에
눈을 오래 맞춰준다

행복한 노예

컴퓨터 모니터를 오래 보아서
얼굴이 네모로 바뀐 줄도 모르고 중앙동엘 갔다
북새통을 이룬 구경꾼들 사이 유리창에서
네모난 얼굴을 발견하고는 손짓을 보낸다
벼랑끝에 매달려 바닥도 없이
제 길을 버린 사람들에게 보낸다
나는 기억한다
감옥을 허물어 다리를 놓은 사람들을*
그러나 플라스틱 자동차가 하늘로 가고
광고판이 입맛 다시며 눈을 흘긴다
사람들이 살러가서 나오지 않는 게임방에
모니터 얼굴들이 순서를 기다린다

*프랑스 혁명때 감옥을 허물어 그 자재로 다리를 놓았다

외톨이

아버지는 물 빠진 갯벌에
게불 잡으러 나가고
어머니는 곤양 오일장에
남새 팔러 가고
나는 뒤안 장독대에 앉아
발톱에 봉숭아 꽃물을 들인다
빨랫줄 간짓대에 앉은 고추 잠자리
졸다 날아간 자리
하늘이 더 새파랗게 가까워서
어디에도 갈 데가 없다
괜스레 흔들리는 감나무 가지에
까치밥 홍시나 떨어져라 응시한다

하얀 책

읽히지 않아 오래
묵혀 두었던 책을 끌어와
먼지 털어내고 펼쳤을 때
바닥이 환하게 비어 있다
일 많은 글자들이
밀쳐 두었다고 모두 달아나고 없다
글자들이 나를 내친다
날아간 글자들을 만날 수가 없다
남긴 말 한 톨 없는 빈터를 돌아보며
빈 종이가 된 내 머릿속도
글자 하나 남아 있지 않다
먹물 찍은 흔적도 남김없이 지워져
눈 맞출 수 없는 책을 덮으니
나도 밤이다

마침표

책을 펼쳤는데 글자 대신
개미떼가 줄지어 간다
개미 사이 당당한 마침표를 찍어
검지로 눌렀더니 피가 튄다
점은 마침표가 아니라
내 피가 살찌운 빈대다
읽다 멈춘 내 피가 어둠을 간다

낮은 것들끼리

바퀴가 돌자
뼈 없는 비닐 봉지가
바닥을 후려 갈긴다

누워있기만한 순한 길도
비닐봉지 귀싸대기를 올려 붙인다

낮은 것들끼리 다투는 소리가
길 가 키 큰 은행나무 잠을 훔쳐간다

제 2 부

바람개비

바람 따라 돌고있는 나는 누굴까?
흔들리는 모습 감추기 위해
바람 보다 먼저 춤춘다
손도 없는 바람이 되어
나뭇잎을 마구 흔들고 있는 광기는
서있는 미루나무를 쓰러뜨린다
바람 앞에서는 흔들리지 않을 수 없다
꽃도 나무도 그렇게 태어 났다
누구나 바람 앞을 떠날 수 없다
바람 되어도 어둠 속에서 떨고 있는 나는
바람을 너무 마신 탓에
스스로 돌지 못하는 상처다

갈대잎에 듣는다

입만 살고 길이 닫혀있는 문 밖에
숨죽인 갈대 몇이 입술을 내놓고
먼 산빛에 몸만 흔들고 있는
바람이 그리운 미라를 쓴다

바람 입맞춤에 닳아버린 입술
귀를 보았던 비밀을 풀어
바람에 입술 비비던 갈대
해일 서슬에 넘어져 다쳤을까
다시는 말하지 않는다

나는 지상에서 미라가 된다
물이 데려 가고
바람이 쓸어 가고
어둠이 실어 가서
물기 마른 몸으로 기다린다

돌아오는 연어 몸을 빌어

〈
뼈를 타고
살을 타고
꼬리치며 돌아오는 물
내 울음소리가 젖는다

눈에 보이지 않는 풍문 끝까지
빛살 무늬져 아롱지는 물결
수 없는 갈댓잎 푸른 자백을
지상에 없는 귀가 듣는다

달마가 서쪽에서 온 까닭

일만삼천대천세계
공중에 지은 사슴 집에
독수리가 알을 낳았다
십 년 지난 어느 봄날
알을 깨고 나온 푸른 사슴이
독수리 울음을 운다

나를 지우려 들지 말라
나는 내내 빈 집이다

내가 아직 눈뜨지 않은 것처럼
사슴이 구름 속에서 눈곱을 뗀다
사슴은 울지 않는다
즈믄 해가 지난 가을날 아침
푸른 눈 독수리가 날았다
그대 일만삼천대천세계에서

비의 계단

비가 산동네 계단을 내려간다
쉬다가 내려가고 다시
가파른 계단에서 망설임이 없다
점점 더 두꺼워지는 무게로
산동네 빛이 어두워진다
파도치는 도시 시렁에 내가 얹힌다
비와 함께 계단을 내려 가고
바람을 타고 강마을에 간다
낮고 어두운 구멍에 계단을 만드는 비는
그 도시 한 끝을 붙들고
다시는 비상을 꿈꾸지 않는다
사랑도 가슴에 들이지 못한다
쏟아지는 빗줄기 바닥 아래로 스며
뿌리에 가 닿는다

불혹

이십 년 전에는 어른들이 무섭더니만
이제는 아이들이 무섭다
눈 뜨지 않아도 사방이 벽이고
콧물 훔치는 소매 끝이 멀어서
새순 돋는 봄, 꽃밭을 꿈꾸지 않는다
거친 바다를 버린 지 오래
높은 산 등**뼈** 끝에 서서 바라보는
가슴 두근거리는 풍경도 지우고
잿빛 소리하지 않는 강을 그린다
꿈꾸지 않는 아이들이 만나는 침묵
돌아다 보는 길은 벼랑끝에 매달린 출렁다리
나이테 파도치는 나무를 만나러
날개도 없이 흔들리는 어깨는
지하로 가는 막차를 탄다

은행나무 아래

바람에 물들지 않는 나무가 있다
그런 기색도 없는 그늘 아래
나란히 앉아 책을 내려다보는 두 여인
젖은 눈은 쉽게 물든다
은행잎 노란 바다 무채색 바람에도
입술을 새로 칠하지 않는다

'노란 사상이 다 지나가는군'
낡루한 옷만 남은 이십세기

색깔 있는 목소리가 지나자 우수수
한꺼번에 내리는 노란 손수건
어둠에 지워지는 내 색을 본다
그러나 언젠가 빛이 돌아와
색이 바람 날 쯤이면
물 든 여인이 떨어질 비가 온다

오십견

아픈 어깨를 들어 내고
거기에 뭉게 구름을 들인다

비가 그리워서 아팠던 어깨가
우산을 걷고 젖어 있는 동안
젖은 바람에 풀어진 먹구름이 떠간다

바람이 내 옷이다
어깨는 쉽게 말릴 수가 없다

소금 배달부

코로나 19가 물러나지 않고 힘을 쓸 때
남포동 할매 회국수집에 배달부가 왔다
소금 포대를 어깨에 메고 출입구에 선 청년은
손수건으로 입을 가리고 있다 땀을 닦았을
말소리는 분명하지 않았지만

'모르고 마스크를 가져오지 않았어요'

매운 회국수를 먹던 손님들이 눈물 글썽이며 청년을 본다
포대를 내려놓으면서도 애써 왼손으로 입과 코를 가린다
계산이 끝날 때까지 마스크 없는 몸이 부끄럽고 미안한 청년이 매운 회국수다
일 끝내고 가는 마스크 없는 뒷모습에
쫓겨 가는 배고픈 코로나가 어른거린다

파도 화석

초량 지하철역 벽에는 파도가 묶여 있다
소리 죽은 바다가 꿈틀거린다
벽에 손을 짚는 순간
멈춰선 파도가 몸을 덥친다
떼 내어도 물결 촉감을 간직한 채
가슴에 화석으로 남는 파도
눈이 텅빈 노숙인에게 가서
또는 출근길 텅빈 가슴에게 가서
춤추지 않는 물결을 불러 와
일어나라 등 떠미는 기지개를 전한다
새와 물고기가 놀고 있는 벽에서
파도를 몰고 가는 도시 철도가
늙은 새벽을 향해
밀려 온 오르가즘을 새겨 넣는다

구름에 숨다

물로 만나던 그녀가
눈먼 도시 뜬구름에 동거한다
부끄러운 눈도 없이
빌딩 모가지에 걸려 매달린다
바닥으로 팔에 힘이 다 빠져나갈 때
달그림자 잠긴 장마 속에는
물이 손을 들어 부르는 바다가 있고
나는 가문 그녀 집에 들기 위해 간다
물로 흘러야 닿을 수 있는 그녀 집은
물 바닥에서 아득하고
기울어진 어깨 바로 세우지 못한 채
돌아가지 못할 다리 위에서 나는
가진 푸른 밥이 흔들린다
그녀 집에 들기 위해서는 먼저
붉은 입술에 빠진다
늦은 내 사랑이 끝난다

물 뿌리는 남자

취한 저물녘이 감춘 산동네
옥상에 물 뿌리는 남자가 궁금하여
발뒤꿈치를 든다 열대야
얼만큼 식솔들 잠이 걱정되었으면
옥상에 물을 다 뿌릴까
지속되는 신열은 꼬리를 감추지 않고
밤이 되어도 이마를 덮는다
불면을 태우던 밤에
옥상에 올라선 남자가 만나는 여자는
너무 뜨거워서 만날 수 없고
지붕을 적셔 주어야 가슴이 식어서
새벽에야 가닿을 수 있다
창밖 멀리에서 발뒤꿈치를 들게 한 뒤
집은 시원한 잠에 든다

그리운 달빛

산동네 옥상에 달빛이 내려온다
푸른 공기 걷어 낸 침상에
오래된 사랑과 나란히 눕는다
달빛에 베인 가슴을 안고
떨며 몸서리치며 옥상에서
지상에 발이 닿지 못하는 별빛 하나
어지러워 눈을 감는다
아이들이 갖고 놀다 버린 인형
돌보아 줄 어른은 깨어있지 않고
돌아오지 않는 아침을 기다린다
아픈 발자국 지나간 상처가 남은 벼랑 끝에서
마구 떨어지는 달빛 아우성
조각나 흩어진 체온을 덮는다
어둠 걷힌 새벽이 되어도
인형은 걸어가지 못한다

칼과 커피

식칼 든 여인이 나를 쫓아온다
바람 피운 기억도 없는데
밤 내 잠 못 들어 하다가
식은 땀으로 여자를 밀어낸다

칼을 들고 여자를 쫓아다니다가
밤 내 잠 못 들었다
다음 날 아침 그 여자 기억나지 않고
하품만 연신 해대는데

커피를 뽑아 들고 다가 온 미스 김
나는 소스라쳐 커피를 쏟고 만다
칼과 커피는 무엇이 다를까
커피가 잠을 앗아 간다

침묵이란 말

말들이 많다
바른 말, 반말, 높임말, 상말, 빈말, 참말, 고운 말, 쓴 말. 진 말, 마른 말, 찬 말, 더운 말, 잔말, 줄임 말, 소름 끼치는 말, 부드러운 말…
온갖 말 다 하고 난 뒤
그래도 하고 싶은 말이 남아있을 때
마지막 하는 말
침묵

손에 든 연꽃 한 송이

서정시를 위하여

사랑 하나로 아프고 싶다
바닥 없는 수렁에 빠져
가시 울을 넘어 밤늦게 들어 왔다 나는
이슬 내리는 유월 밤하늘 아래
한데서 자꾸만 멀어져 가는 강물
붙들고 싶어 잠을 버린다
끝간 데 어찌 알 수 있을까
한 데서 가슴 졸이기 즈믄 밤
검은 장막을 넘어서기까지
몇 번이나 촛불을 끄고 새로 붙이며
구름 속에서 달이 나오길 기다렸다
그러나 별빛조차 보이지 않는 먹구름이
울타리를 타고 넘어야하는 풀잎
을 짓밟고 밤새 이슬이 내린다
용서해다오 내 연약함을
울타리는 날카로운 창을 머리에 이고
가슴팍을 찌른다
그대 보아주지 않아 감잎 떨어지는 밤은

〈
흉부에 가라앉아 돌이 되고 홀로
검은 구름은 내 무덤을 덮는다
그대가 버린 물과 숲
바람 또한 나의 무덤이다
돌아오지 않는 물이 깊어
그림자 남지 않는 서정시를 찾아서
낡은 울타리를 치는
그대 침묵 속으로 헤엄쳐 간다
벗어나지 못하는 어릿광대 눈망울에
앓던 내 사랑이 잠들어 있다

나의 분노

잠든 내 얼굴에 침을 꽂고
피 뽑아 먹기 수천번
분노가 얼만큼 다독여졌기에
내려친 파리채 끝에
처참하게 박살 난 몸뚱이
날개도 그를 살리지 못한다

살갗 도려내
피를 강물로 흐르게 하고
뼈로 기둥을 지어 지붕을 올린다
물로 빠져나간
내 언어를 세우던 뿌리들은
하늘을 물들이는 구름으로 떠돈다

찢어진 강물 꿰매어 흐르게 하고
흩어진 바람 가두어 산을 짓는다
내 분노가 날개 대신이다

무장사지 鍪藏寺祉*에서

흙 갈아엎는 보습은 남고
피 묻은 쇠붙이는 가라
귀뚜리 울음은 숲에 오래 남고
칼날은 이슬 속에 가라
눈물 흘려 피를 대신하고 다시는
이 땅 상처를 건드리지 마라
내 안에 쇠붙이를 꺼내 묻는다
저들끼리 엉키지 못하도록
엉켜 날로 서지 못하도록
풀뿌리에 날카로운 가슴을 숨긴다
풀잎 바람 소리를 이끌고 들려오는
창칼 부딪히는 소리가 높다
바람도 귀를 씻고 떠난다
무장무장한 날개가 간다

무장사지/ 삼국통일전쟁 후 문무왕이 무기를 땅에 묻어 평화를 기원한 사찰터. 삼국을 통일한 신라의 문무왕이 더이상 전쟁이 없다하며 병기와 투구(鍪)를 이 골짜기에 감추(藏)었다 하여 이름을 무장사(鍪藏寺)라 했고 무장사가 있는 산이어서 무장골, 무장산이라 한다. 624m의 무장산은 40만평에 펼쳐진 억새밭으로 영남권에선 이름이 알려진 산.

사월 꽃씨

발바닥만한 땅에 뿌리내리고 살면서
겨우내 참았던 울음 일시에 터뜨리는
개나리 작은 눈망울에도
겨울 슬픈 꽃은 숨어 있다
진달래 새 꽃 피는 사월이 와도
고개 들어 웃지 못하는 꽃이
낡은 집을 벗어 던지지 못하고
올 봄에도 주저앉고 말겠다
산에 들에 일어서는 풀빛은
떠도는 바람을 재울 수 있을까
작은 아파트 창가 빗물 드는
오랜 날궂음 떨치고
깨어난 햇살 숨죽인 거울 속에도
사월에 눈 뜨지 못한
슬픈 나의 꽃씨가 숨어 있다

봄에

길 떠나고 싶다
비행구름이 하늘을 높이고 지나간다
늘어진 수양버들 가지 끝에 봄은
머리에 물오른 가시내
휘둘리는 머리칼에 바람이 난다
바람 따라 가고 싶다
손수레 끌고 언덕을 내려가는
후둘거리는 늙은이 낭패한 아랫도리
으금저리게 하는 살얼음판을 지나
다악 말문 튼 두 살배기 머스매가 꽃밭으로
낫을 들고 걸어간다 벼랑 끝으로
꽃밭에서 채송화 모종을 옮기던 엄마가
눈웃음으로 받아넘기는 어눌한 말소리
봄 밭에 졸음이 쏟아진다
살갗 움트게 하는 햇살 따라
처음 가보는 길로 가고 싶다
가서 봄이 되고 싶다

바퀴자국

간밤에 비가 내렸는지
아침 학교 마당에 바퀴자국이 선명하다
이리 저리 얽힌 자국은 여럿이
서로가 밟기도 하고 밟히기도 하며
파도처럼 얽혀 있다
무엇을 배우러 들었는지 알 수 없지만
꼬이는 일이 바퀴의 일일까
바퀴가 없어 꼬이지도 못한 발자국은
흠씬 빗방울 둘러 쓴 채 눌러 앉았다
미루나무도, 우물도, 계단도
어디로 가지 못하고 꼬여 있다

북항

물이 사는 도시 모두들 잠든 밤
북항을 나서는 배가
누군가 들으라고 길게 세번 뱃고동을 울린다

귓줄을 잇는 이별이 긴 신호음

진즉에 열어놓은 창으로
어느 집 한 가족이 잠들지 않고
가장이 보내는 출항을 듣고 있다

바닥을 사랑한다

나는 바닥을 쓰다듬는다
날아오르지 못하고
떨어지기만 하는 살을 부빈다
식솔을 버리고 납작 엎드려
물에 젖은 돌로 굴러간다
다시 올 수 있을까 내 사랑은
조약돌로 물에 가라앉고
가라앉은 내 사랑은 흐르지 못한다
조약돌이 바닥을 말해 주면 좋겠다
바닥에는 뿌리들이 서로 엉켜
남은 살과 살을 섞고
새끼를 높이 올려 보낸다
바닥 이마를 쓰다듬는다
새끼는 하늘까지 닿을거라며
바닥 더 깊이 파고 든다
가라앉은 조약돌도 날개를 달고
물수제비 뜨며 날고 싶다
버리지 않은 꿈에 햇살이 비친다

사랑이 당도하지 않아도
사랑으로 고여있는 바닥이
날개로 찬란해진다
나는 바닥을 쓰다듬는다

환을 친다*

옹기에 쉽게 그려진

손가락 끝을 따라간 곡선은

어디 숲에서 가져온 오솔길인가

나비 날아간 흔적인가

뜬구름 흘러간 발자국인가

천년을 침묵한 도공이

딱히 말할 수 없는 풀어짐으로

허공에다 새긴 제 눈길이다

※도공이 옹기에 손가락으로 자연스럽게 그림을 넣는 것

제 3 부

집으로 가는 길

집으로 간다 다리를 건너
돌아가야 할 집은 내게 남아 있다
다뜻하게 손잡아 줄 아내가 있고
나를 불러 줄 아이들이 기다리는
집으로 가는 동안
회색도시가 높은 벽을 만든다
말이 죽은 도시
가시덩굴 숲이 가랑이를 찢는다
그러나 나는 멈출 수가 없다
다리 건넌 나의 집으로
숨소리가 발걸음을 재촉한다
가는 동안 별들이 쏟아진다
다리 밑 거센 물살이 손짓한다
나는 집으로 간다
나에게로 간다

잠간동안

뙤약볕살 내리쬐는 말복 네거리
한 할머니가 신호등 앞에 주저앉아
파란 불을 기다린다
연신 손부채를 부치면서
줄지어 지나는 개미떼를 내려다보는 잠간동안
빨간 불은 파란 불로 바뀌어진다
다투어 사람들이 길을 건너고
할머니가 천천히 일어설 때
파란 불은 벌써 깜박거리기 시작한다
한 발자국도 떼 놓기 전에 빨간 불은
다시 할머니 걸음을 멈추게 하고
지친 무릎을 주저앉힌다 천천히
개미떼가 할머니를 올려다보는 잠간동안
개똥밭 파란 불이 자주 깜박거린다

눈물 차이다

후다다닥 우당탕탕 도시에 빗소리가 온다
토닥토닥 푸르르륵 시골에도 빗소리가 온다
쿠딪혀 흩어지는 빗방울 노래가 다르다
같은 비에 발자국 소리는 왜 다를까?
그층 유리창에 부딪혀 떨어져 죽는 비명과
풀잎 뿌리를 적시러 가는 빗방울 노래가
어찌 같을 수 있을까?
(눈물 차이다)
듣는 귀가 다시는 입맛도 다르다
귀가 소리를 버린다
솔직하게는 소리가 귀를 버린다
소리바다에 표류하는 귀를 건져내 비우고 나면
ㅁ묘한 차이를 들을 수 있으려나
나 가슴에 내려 꺾이는 빗소리
그리고 또깍또깍
끝나지 않는 발자국 소리

지상을 향하여

흔들리지 않기 위하여 또는 따뜻한
지상을 향하여 활강한다
삼만 피트 상공에서
몸은 발붙일 곳 없이 흔들린다
번번이 빗나가기만 하던 몇 번의 시도는
날개를 튼튼하게 해 주었고
지상으로 내려서기 위해
허공에서 맴돌기만 하던 때가 있었다
수시로 밀려오던 난기류에 날개는
때도 없이 수직강하하기 일쑤였다
이제는 그런 먼 기억을
은하 저 편 블랙홀에 남겨 두고
따뜻한 지상을 향하여 활강한다

집이 있는 갈대숲 검불더미
갈대숲은 오래도록 기다려 주었다
내가 바라는 지상을 향하여
발붙일 곳 없는

냉기류 흐르는 허공을 떠나
낮은 자세로 몸을 낮추고
몸에 박힌 별들을 털어 낸다
지상으로 내려서기 위하여
더욱 몸을 가볍게 하고
묵은 시선을 갈고 닦던 숱한 그늘 속
어디서 날아와서 어디로
세상을 떠가는 새들과 마주칠 때
나를 세심하게 응시하는 눈들
눈물 가득 어렵게 떠나는 새가 보인다

내가 빠르게 지상을 향하여 내려 갈 때
허공은 피리소리로 깊이 운다
길게 뻗은 활주로가 다가오고
얼마 남지 않은 활주로 끝까지
몸의 균형을 잡으며 접근해 간다
활주로는
작은 흔들림마저 용서하지 않지만

검불더미 속에 남아있던 작은 깃털까지
나를 향하여 손을 흔든다
작게만 보이던 온갖 사물들이
더 큰 모습으로 다가서고
비워둔 며칠 사이
지상에서 꽃들이 해맑게 핀다

강끝에 앉아

강바닥에 고인 눈물을 따라
도요새가 날아간다
갈대숲에 새들이 남긴 시린 발자국이
한 발짝도 물러서지 않는 강 끝에서
어둠 속으로 빠지는 노을을 바라본다
바다가 되어 버린 강물은
섬과 섬 사이에 전 생애를 밀어 넣고
출렁이는 무동을 타고 논다
강 끝에 앉아 기다리면
새는 다시 돌아 올 것이지만
강 끝에 사냥꾼 총소리가 서있다
보푸라기 솜털 하늘로 뜨고
싸늘한 날개로 덮이는 지상에서
새가 남긴 발자국이 지워진다
빈 그물 건지는 어부가 힐끔
노을을 돌아 볼 뿐

높은 습지

부드러운 눈빛으로 너는 기다린다
자주 비 내리던 장마철을 지나
온기는 무너지지 않고 살아 남는다
마른 풀들이 겨울을 나면서
드러나지 않은 풀씨를 다시 묻고 있디
날아가는 새들은 깊이 잠기고
봄날 머리를 내민 잡풀들처럼
네 치마자락에서 꽃씨가 싹터 흐른다
별이 오지 않는 밤에도 너는
키 큰 슬픔을 키운다
오오 그러나, 산정에서도 너는
낮은 모습으로 엎드려 있다
네 심장으로 흘러들어
거기에서 머물 수 있도록
나는 네 입술을 적신다
풀리지 않는 나무토막으로 가라 앉아
나는 네게 익숙한 말을 버린다

봄-산행

봄처녀 속살을 만지러 산에 든다

자지러지는 숲에는 처녀들 웃음소리 가득하다

간밤에 내린 비에 목욕하는가 보다

젖은 연두가 머리카락을 말린다

지나가는 바람도 유혹에 빠져

방향을 잃고 물푸레나무 가지 끝에서

침묵을 젖히고 오르는

수만 년 흙내를 귀담아 듣는다

굴렁쇠

네가 여태 굴려온 굴렁쇠는
아직은 더 굴러야 한다
힘주어 굴리지 않으면 쓰러지고 만다
아침에 일어나서 굴리고
잠들기 전에 다시 굴리고
잠 속에서도 부지런히
쓰러지지 않게 굴려야 한다

네 굴렁쇠는 네가 굴러야 한다
그래야 언덕을 넘을 수 있고
골짜기를 건널 수 있다
오르막에서도 멈추지 않고
내리막에서도 멈추지 말고
낮은 길 고인 물을 지나서
햇살 쏟아지는 숲속에 앉아

네 굴렁쇠가 하늘로 반짝거리게
얼굴을 닦아야 한다

바퀴 자국 남기지 않고 달려온
흙 묻은 수고로운 네 굴렁쇠가
길 밖에서도 별에 가닿을 수 있게
너를 굴려야 한다

우리들의 사랑법

애인을 데리고 물 끝에 간다
파도는 애인을 무동 태우고
좀체 내려놓지 않는다
애인도 내려서려 하지 않는다
파도를 태워주며 애인을 간수하지만
애인은 눈웃음 흘리며 나를 간수한다
하루에 한 번은 파도를 타고 싶어하는
애인을 위하여 바다로 간다

파도에 애인을 빼앗긴다
애인도 내게서 바다를 빼앗는다
애인과 바다는 한 몸이 되어 모래알을 굴린다
나는 애인을 버리고 산으로 간다
산으로 찾아온 애인에게 붙들려
나는 바다가 된다 우리는 서로
입술 깊이보다 먼저
눈높이에 깊이 빠진다

순례

느을이 된 내가 서쪽으로 떠난 뒤
눈은 밤새 저 혼자 바위에 내려 쌓이고
바람 불어 발자국 지우니
니 떠난 곳을 누구도 모른다 한다
간 데를 아무도 알려고 않는다
내린 눈이 녹아 사라질 때까지
발자국은 더 갈 데가 없다

그늘 밝은 자리

결국 한 배우가 떠났다
무대에 남긴 빈자리가 환하다
곁을 떠나기 위해
쏟아내야 했던 숱한 땀방울과
밀고 당겼던 그늘진 자리가
높은 향기가 되어 하늘이 가깝다
남긴 그늘이 몰캉하게 익는다
어디 가지 못하는 이끼가 함께 익는다
그늘에 색을 더하고 배우가 갔다
높은 자리로 보내기 위해
편도선은 이제 아프지 않아도 된다
햇살에 얼굴 그슬릴 일도 없으니
양초도 몸 녹여 불 밝히지 않아도 된다
그대 떠난 자리에 향기가 난다
그대 돌아오지 않아도 벌써
빈자리 속 벼랑 끝에
바람 엉덩이가 깊이 앉는다

구르는 돌

굴러오지 않고 박힌 돌이 어디 있을까
구른 흔적을 내 보여 줄테다
여기 박혀 있는 돌도 처음에는 다 굴렀다
구르지 않고 어찌
빛나는 자리에 놓일 수 있겠느냐
바닷가 노래하는 몽돌을 보라
구르고 굴러 남은 뼈로
때리는 파도를 위해 노래할 수 있게 되기까지
쓰린 속을 달래기 위해 파도 속을
숱한 나이테를 새기며 굴렀을 것이다
혼자 굴렀을 것이다
이끼에게 발붙일 틈을 주지 않고
길바닥을 굴러 모가 깎인다
부딪힌 가슴에 금이 가다 보면
구르는 법도 터득하게 되느니
그때쯤 낮은 자리를 잡아 몸을 누이고
구르던 때를 지그시 돌아보게 된다

시인의 잠

어제 저물녘처럼
집에 돌아 온 아이가 책가방을 던져놓듯
그렇게 몸 하나를 휙 던져놓고
잠 속으로 빠져든다 깊이 빠져서
내가 벗은 옷가지들이 아무렇게나
육신 모양새로 쉬고 있는 방
그림자를 놓아버린 후 잠을 부른다
얼마나 보고픈 꿈이던가
누가 와서 깨우기 전에는 텅 빈 집
거미 한 마리가 줄을 타고 내려온다
초인종 소리가 아스라이 들리고
먼 곳에 불이 켜진다

앰블런스 소리가 요란하다
일어날 시간이 되었을까
아직도 숨결놓지 못하고 붙들고 있는
거미집이 무너져 내린다
언젠가 돌아와 집을 고치는 거미는

허공에 앉아 엄숙하게
무릎 꿇고 용서를 빌 하늘은
찾아보아도 바람만 같아 보인다
길은 어디에다 놓고 다니는지
불러도 보이지 않는다
잎 지는 플라타너스 밑에도
오솔길 뻗어간 산 고개 마루에도
내 그림자는 찾아 볼 수 없고
바람 되어 숲으로 불려 갔을까
신발을 벗어 버린 후
허위허위 젖는 팔이 물소리만 같다

뿌리의 마음

엉겅퀴를 뽑으려 했다
뿌리에게도 마음이 있을까
보기엔 쉽게 뽑힐 것도 같더니만
뇌두만 툭 끊고 달아나 버린다

버리고 싶은 것을 그냥 툭 버리듯
꼬리를 잘라 버리는 도마뱀처럼
뿌리에게도 갈 길이 따로 있어 엉겅퀴도
쉽게 몸뚱이를 버리는 것일까

내게도 뿌리가 있다면
그 뿌리마저 툭 던져 버리고
건넌방으로 문득 가고 싶을 때
엉겅퀴가 묵은 방을 나선다

물통

단풍나무 숲에 이르러 땀이 난다
새벽녘 폐포를 씻어주는 청정함으로 바람 불고
스님은 뒷짐 지고 먼 산 우러르는데
쿨 한 통 짊어진 나는
간밤에 내린 비로 미끄러워진 산길을
아랫도리 후들거리며 내려간다
무슨 그리 바쁜 일이 기다리는지
무엇에 쫓기는 듯
엎어질 듯 내려오는 산길에서
물통 부려놓고 되지 않는 노래를
목청껏 주절대는 빈 수레바퀴
상큼한 웃음꽃을 보낼 때
달이 졌는데도 달맞이꽃은
이슬 머금고 새벽을 놓고 있다

구봉산 가는 길

저물녘에 내린 비로 바닥이 젖어 있다
산길에는 물 든 나뭇잎이 떨어져 있고
오늘 해는 조금 늦게 뜨는 것 같다
높은 구름 사이로 언뜻 보이는 하늘은
가을을 대비하여 깊어지는지
살갗을 지나는 바람 한결 서늘하고
비 온 뒤 숲에는 더 많은 귀뚜라미가 길 밖에 나와 운다
울음 끝내지 못한 오랜 독거는
온 힘을 다해 길을 묻는다
빈 터를 채우고 있는 풀들 곁에서
작은 흔들림을 어찌 가냘프다고 말해 질 수 있을까
박꽃이 더 새하얗게 핀 길 가
지나는 사람 살갗이 안쓰럽고
내 몸은 언제 가을이 되려나
물 든 나뭇잎이 눈에 가득 찬다

빛이 사는 숲

하늘이 보이지 않는
태산나무 숲에 모여 사는 맹인들이
물과 모래로 빛을 만든다
숲 밖으로 나서지 않고
깊은 동굴에다 감추어 둔 해를
수없이 매장한다 솟아나지 못하게
무너지지 않은 어둠을 들어내어
눈 속에 하늘을 세운다
숲 밖 눈 뜬 맹인들은 알지 못한다
함께 울어 줄 손들이 없음을
돌아누운 눈에서 벽은 언제나처럼
좁고 검은 구름으로 가리워져 있느니
태산나무숲에서 돌아오지 않는 빛
맹인들이 빛을 찾아 물과 모래로
빛이 죽은 하늘을 매장한다
빛 속으로 빛을 찾아 나선다

촛불거리

거리에 그대들이 꽃이다
떨리는 손 비비며 내가 가담하지 못한 전장은
함성 속에서 쉽게 끝나지 않는다
우리들 편안한 잠은 곁에 있는가
아직도 문밖을 서성이며 돌멩이를 휴대하던
푸른 얼굴에 삭신은 굽혀지지 않고
사방에 청청한 촛불을 이루어 나툰다
제거되지 않은 잇똥처럼 나를 우울하게 만드는
초여름 불순한 일기들을 향해
발가벗고 물구나무 서 있던 시간들이
진열장 속으로 마구 달려간다
그대들 발자국 자리에 꽃이 핀다
내가 신발 물고 달리던 거리를
지금은 내 사랑이 흘러간다

철새 도래지

동토 이 땅에 맨 처음 들어 온 것은
새 보다 먼저 총칼이다
청둥오리 죽은 다음 황새
황새 죽은 다음 갑천을강
가슴을 적시고 가는 잿빛 날개
마지막 노래마저 파랗게 죽은 이 땅에
새 보다 먼저 얼음이 날카롭다

슬픔은 북새통을 간다

그대 던지는 눈물 속으로 눈을 감고
북새통을 걸어간다
이별은 슬픈 일이 아니다 내가 견디는 한에는
별이 더 많이 뜨는 밤에도
슬픔은 피곤하지 않다
시커멓게 뚫린 북새통으로
지하철은 쉬지 않고 달려 올 것이며
내 기다리는 동안에는 두 눈에 불을 켜고
포만한 배를 가르고 꺼낸 슬픔은
내 앞에 드러누운 강이 된다
내게 남겨진 황홀한 저녁 한 때
를 맞이하여 내가 실려가는 지하철
스물 둘 청년이 돌연사한 자리에
내 강물은 갈갈이 찢겨
지하보도에서 흩어지고 머리카락은
전자오락기 화면 속으로 빨려들고 다리는
수퍼마켓 넘치는 물에 발목 적신다
내가 견디는 한에 슬픔은 나를

도시 밖으로 밀어내지 못한다
북새통에서 신발을 찾을 때까지는
끝나지 않을 것이다 슬픔은
튀르키에 해변에 밀려온 어린 소녀의 주검처럼
수평을 잃고 비스듬이 드러누운
광고판 속에 진열될 것이다
이별보다 더 깊은 소름 돋는 슬픔에
나는 눈 뜨지 못할 것이다

허기

뿔 달린 짐승 한 마리가
마악 날개를 접은 무당벌레를
혀끝으로 잡아들여 분질러 먹는다

불은 가둬놓고 써야하고
물은 풀어놓고 써야한다
허기는 물이 아니고 불이다

곁에서 나비가 눈 감고 못 본 체
침묵하던 달빛도 흐느껴 운다

빈손

또 빈손이야,
강가에서 다시 몇십 년
강물을 지켜보아야 한다니
청진항을 두고 온 김성식 선장*
지나가는 남북협상 차량 행렬을 향해
팔이 빠지도록 흔들던 손은 모두 비었어
행여 헤어진 혈육을 만날 햇살 한 줌
건질 뿐은 아니었어 죽기 전에
닿고싶은 청진항 그 푸른 하늘
초생달 슬픈 아비 눈썹이라도
보고싶은 깃발로 마구 흔들리는 거지
내 가슴에 자리한 식솔 때문은 아냐
그런데 다시 빈손이라니
1990년*은 피눈물 앞에서 그냥
빈손으로 흘러가 버렸어

* 1990년 남북 총리회담이 열린 해.
* 김성식 선장 : 선장 시인, 시집 『청진항』이 있다.

냉동실 시집

오래 먹기 위해 숨겨둔 냉동실에서
시집을 꺼내 읽는다
해동된 은행나무 늙은 옷이 아직 푸르고
푸른색은 오래 얼음 속에 잠들어 있다
누구도 꺼내 읽어주지 않아
성에 낀 얼굴로 발효를 멈춘다
바람 오지 않는 냉동실은 춥고 어둡다
붉고 따스한 누구 입술에서
노란 나비로 날아가고 싶다
물든 날개를 펼치고 가서
민들레꽃에 앉아 씨알을 낳고
부화한 말들을 싣고 가지 끝에 올라
금빛 가루를 날리면
냉동실 잠든 물고기도 바다로 갈 것이다
냉동실 문을 열고
성에 낀 시집을 꺼내 읽는다
입술에서 나비가 날아간다

더도는 꽃

한 때 뜨락에 만발하던 단추 국화
두 해 지나자 그림자마저 썰물로 빠져나가고
빈터만 잡초를 키운다
오고 가는 꽃이 내 손에 따르지 아니하거늘
텃밭 차지한 꽃양귀비도 치맛자락 감추고
바람 따라 가버릴까봐 눈치 살피며
붉게 칠한 입술 한 번 더 맞춘다

문

화두를 붙들고 앉은 푸른 스님이
없는 문고리를 당겨 열려고 한다
화두는 삼만리는 더 달아나서
도무지 가까이 오려하지 않는다
화두는 상식이 아니다 화두는
손으로 잡을 수 있는 문고리가 아니다
정각에 닿는 문은 직선에 있지 않아
문고리를 잡아당길 수 없다
그냥 문을 떼어라

꽃을 삼키다

회오리쳐 가는 빛에 목 말라
고흐의 해바라기를 마셨다
꽃이 목에 걸려 병원에 갔다
의사는 목에서 귀 하나를 꺼냈다
귀가 말했다
권총은 너무 가까워 다시는
해바라기를 피울 수 없어

바퀴에 박힌 꽃을 빼들고 길을 가는데
검은 유리벽에 몸이 반사 된다
손에 든 꽃이 벽 속에 박혀
유리에 실금이 간다
꽃을 이기지 못한 유리가
삼킨 나를 뱉어내
바람 빠진 하늘로 보낸다

유리벽 하늘

비우지 못한 하늘을 남긴 유리벽이
동박새 한 마리 담아두지 못해서
머리 깨진 새가 지상에 떨어진다

새가 알고 있는 하늘에다 벽을 세우고
하늘 흉내를 내고 섰으니
제 머리속 하늘을 새가 지나가다

하늘에 이르지 못하고 떨어진다

제 4 부

구멍

오래된 독거에 구멍이 났다
혼자서 구멍을 지었나보다
독거가 파낸 침묵 깊이다
눈대신 손가락을 넣어 본다
손가락을 뺄 수가 없다
어둠은 끝이 닿지 않는다
손가락이 잘려지지 않을까 하는 두려움에
몸이 구멍 속으로 빨려 들어가
허우적거리며 헤어나지 못한다
구멍은 몸을 삼키고 만다
넓고 밝은 구멍 속은
사방에서 불빛이 나를 겨눈다
어디에 가 있는지 나를 찾을 수 없다
햇빛 속에서 온몸을 떤다

그대 마음을 먹고 싶다

싸질러 놓은 똥막대기에 코를 파묻고
향기에 젖다보면 일어서는 연두빛깔
신경 마디 끝마다 날개를 달고
겹겹 단애 앞에서 등을 보였던
천년 그늘을 걷어 세운다
다리를 건너 빛나는 잎에 가 닿는다면
바닥에 고여있는 그대 귓밥에 연두를 먹고 싶다

불면의 이유

네 달빛에 키스한다
얼어붙은 몸이 부스러지도록
달빛이 지워져 밤을 찾아올 수 있게
사랑은 막무가내 네게로 흐른다
오지 않는 잠은 달빛에게 묻는다
달빛은 어둠이 깊은 탓으로 돌린다
내 눈이 환하다

치마와 전쟁

여자들이 치마 뒤집어쓰기를 좋아한다
짧아지는 스커트
전쟁은 한 발자국씩 남자 곁에 다가선다
예견된 신의 암호,
남자를 정상에 우뚝 서게 하라 그렇지 않으면
여자들이 전쟁을 일으키리라
남자들이 죽어 가고 아이들도 더 이상
태어나지 않으리라
여자들이 스커트를 높이 입는다
치마 뒤집어쓰기를 갈망한다
한 발자국씩 전장으로 걸어가는 여인들
붉은 입술 속으로 총칼을 메고
짧은 치마를 둘러쓸 때
남자들이 전장으로 간다

삼 센티미터

너 키가 3㎝만 더 컸더라면
보는 높이가 달라졌을 텐데
지평선도 3㎝만큼 더 멀리 내다보이고
하늘도 3㎝만큼 더 안락하고 포근하게
나를 감싸는 미루나무가 되었을 텐데
주눅들어 지내던 3㎝는 어디에선가 모자라
밖에서 담 안으로 힘찬 돌팔매질
그리고 쨍그랑 냅다 달아나던 밝은 기억
키가 3㎝만 더 컸더라면
나는 시인이 되지 않고
배우가 되었을 텐데

하얀 아우성

다 쓴 볼펜을 보면
몰래 긁던 가리방이 생각난다
얇은 원지를 철판에 대고 눌러 쓰면
사각거리며 나타나던 하얀 글씨
뜨거운 아우성이 되살아나던 일을
이제는 가리방 긁지 않아도 되었지만
밤새워 긁은 원지를 등사기에 밀 때
스스럼없이 찢겨져 버리던 원지
얼마나 낭패해 한 적 있었던가
숨어서 때를 기다리며 애태우던 동지들
이제는 소용없게 된 다 써버린 볼펜을
그러나 습관처럼 버리지 못하고
책상 서랍에 고이 간직하였다가
곁을 떠난 아우성을 그린다

가위와 풀

가위로 지도를 자른다
반도는 남과 북으로 잘려지고
아이가 풀로 붙인다
둘이 잠든 깊은 밤에도 홀로
자를 일을 꾸미는 가위는
서로 붙어지내는 꼴을 못본다
풀은 잠들지 않고
가위 다가오는 소리에 귀 기울여
가슴 졸인다 어디인가
지치지 않고 일어서서 풀이 되는
달아날 구멍도 없이 끈끈한 풀로
붙일 일 하나 간직할 뿐
등 돌리고 사는 가위는 알지 못한다
목마른 가위가 풀을 기다리는 줄

늙은 사랑이 있다

부산우체국 뒷길 중앙동에는
늙은 플라타나스 부부가 비를 맞고
일찌감치 몸을 가볍게 할 때가 있다
그때 손수레를 끌며 길을 쓸던
노란 옷을 입은 청소부 강씨 맑은 눈썹에 걸린
햇살 하나가 물든 옷을 빛나게 한다
고목이 다 되어서도 길위에 선 부부
늙은 사랑은 뿌리가 깊다
그리고 마르지 않는다
그늘보다 더 깊은 빗자루로
중앙동을 떠나지 못하고 서성거리는 노란 옷이
오래된 사랑을 만나고 가는지
떨어진 잎에 머문 그늘 하나를
강씨 가슴에서 지우고 간다

프트 홀

포장공사가 막 끝난 검은 길 위로
빗방울 여럿이 바쁘게 스쳐 간다
아무도 구름을 눈여겨 살피지 않은 탓인지
발자국마다 길은 깊이 패인다
커져가는 자국에 바퀴가 자주 빠진다
오래 보아도 그것은 빛나지 않는다
한 여인이 내다 버린 사랑보다
더 깊은 우울을 간직한 길은
바닥으로 깊이 내려 선다
가슴에 남은 그늘이 매워질 수 없는 것처럼
얼만큼의 비바람이 왔다 갔는지
패여진 길 위에는 몰려 온
셀 수 없는 눈물방울이 고인다
가슴에 남은 상처가 깊어질까

소금과 침묵

소금은 녹지 않고 침묵한다
제 몸 속 말을 비우며 마른다
생선은 소금을 껴안고 침묵한다
침묵은 썩지 않는다
침묵을 오래 지닌 몸이 썩지 않을까 걱정이다
사라지지 않는 몸뚱이가 지상에 남겨져
이곳저곳 불려다니며 흠집 투성이로 구를 때
뒤에 남겨지는 침묵에도 단풍이 들어
간수 빠져나간 소금처럼 가벼워지면
햇살 잘 드는 유리정원에 들어
기다리던 화석이 되어
손을 타다 버려질 침묵이다

웃지 못한 얼굴

도사 담당 김선생 얼굴은 각이져 근엄하다
웃음을 심을 수 없는 입술이 견고하다
여학교에 총각으로 근무 시작할 때 교장이 당부하던 근엄한 얼굴을 평생 지녀 왔다
학생들 앞에서 웃음을 흘리면 아이들이 딴생각을 품기에 헤픈 얼굴을 버려야 했다
한 번 웃었다하면 수업은 난장에 빠진다
웃음을 빼앗겨버린 김선생 몸이 딱딱해져
관절염이 그의 무릎을 훔쳐갔다
은퇴후 그는 휠체어를 탄다

독거 1

나는 거리를 배회하다 돌아온
혼자 사는 회색 늑대다
이웃도 없이 물을 마시고
이빨 사이에 낀 섬유질을 뽑는다
다리 위에서 혼자 가끔은
물 위로 흐르는 달빛을 울음 운다
나는 나를 사육한다

독거 2

눈 뜨자 먼저 TV를 깨운다
냉수 한 잔으로 피를 돌게하고
혼자 먹을 밥상을 차린다

아침부터 수다를 떠는
쇼-호스트 젊은 여인 재롱을 지켜보며
밥 한 숟갈을 떠서 입에 넣는다

커피 자리는 누구와 마주할까
뉴스앵커와 세상 도는 이야기 나누며
말초까지 블랙으로 진하게 적셔두고

작은 부엌 창문으로 찾아온 낮달에게는
아는 체 혼자 웃어 준다
설거지는 불려 놓았다 나중에 하고

송현이

가야특별전을 보러 국립박물관에 갔다
해골로 남겨진 가야인 두 사람을 만난다
본명은 찬란하지 않았지만 내 곁으로
천 오백 년 전 침묵이 풀려 나온다
나는 왜 이들 앞에 서있을까

한 소녀를 데리고 집으로 왔다
눈이 움푹 팬 두개골은 싸늘하지 않고
잇몸 다 드러내고 웃는 소녀다
나를 만나기 위해 흙 속에서 웃음을 다듬으며
많은 시간을 견뎌 내었다
울분을 삭히며 침묵을 지내왔다

그녀는 생전에 어떤 일로 주인과 동행이 되었을까
자기 생을 다하지 못하고 끊어진 신발끈을 버렸을까
소녀에 골똘하다가 나는 물이 되고
물은 내가 되어 서로를 노려 본다
물의 목마름을 생각하다 나의 목마름을 발굴해 들어가

본다

　나는 송현이만큼 커다란 목마름을 느껴 보았는가
　어둠에 대하여 또는 빛에 대하여
　오랫동안 기다리며 화석이 될 수 있을까
　내 안에 부는 바람을 만난다
　목마른 송현이 하얀 웃음이

　송현이 : 창녕 송현리 가야고분 15호분에서 순장된 16세 가량의 소녀 미이라를 이름한다.

안개

고맙다, 안개야 고맙다
곁에 둔 흉물스런 폐가를 숨기고 앉아
불투명한 포장지로 지상을 감싼다

내 얼굴 검버섯 한두 개는 남겨 두라
땡볕에 걸어온 산길을 증언하고 싶다

옆집 농부는 일찍 차를 몰아
네가 열어준 논길을 가고 있다

두 벽시계

두 벽 위에 각기 다른 시계가 산다
하나는 빠르고 하나는 느리다

평생을 가도 만나지 못하는 두 얼굴은
빠른 한 시계가 멈춰 선 찰나에
스쳐가는 소리로 잠깐 만났다 헤어진다

눈물이 스쳐가는 찰나
벽이 무너지지 않아 다행이다

아파트 숲

회색 아파트 높은 벽에 초록을 칠한다

잎을 매달아 꽃을 피우게 하고
겨울바람에도 지지 않는 상록 앞에서
눈이 시원해질 때까지
높이만 솟은 기둥에다 초록 잎을 단다

잎이 바람에 흔들릴 때 초록 위에다
충혈된 눈을 두기 위해

나에게 바다를 선물한다

쏘살대는 바다가 좋은 나에게
파도치는 바다를 선물한다

물속에 바람은 어디에서 불고
구름은 또 어느 곳에 가 닿는가

달려오는 바다
지치지 않는 파도에 빠져
수다 멈춰 설 때를 기다린다

날아가는 그늘

여인들은 그늘을 들고 다닌다
그늘 모서리에 눈등이 찍히기도 한다

부드러운 입술에 입은 상처는 달콤하고
추락해도 날개가 있어
오래 지나도 살이 되지 못한
상처 딱지들이 안고 온 피고름

그늘 속에서 노을로 터진다
그늘에 들어 그늘을 접는다

뿌리

노란 머리카락을 밀어 올리며
검은 뿌리가 솟아오른다
물들인다고 뿌리는 바뀌지 않는다
하늘에서 가져온 검은색은
네 뿌리이거니 물들인다고 결코
노란색이 되지 못한다
오래된 뿌리에 기대어 온
너 하늘을 버리지 마라
노란 하늘은 네가 날아갈 꿈이 아니고
네 꿈은 검은 뿌리에 잠겨 있다
지금은 노란색으로 찰랑거리지만
언젠가는 뿌리가 너를 찾을지니
너는 늘 검은 머리카락이다

구골목서書에 집을 짓다

몇 마리 참새가 구골목서를 드나 들더니
집 한 칸을 지어냈다
구골목서를 부지런히 읽었나 보다
보이지 않는 향기가 들린다
들리지 않는 소리가 보인다
구골목서 책향기가 나를 감싼다 나는
오래된 구골목서를 펼치고
온몸으로 향기를 읽는다
나는 꿀벌이다 목 마른 나비다
향기를 좇아 천리를 왔다
그러나 구골목서를 다 읽을 수가 없다
너무 깊고 멀어서
그 끝에 이를 수 없고
깊이를 따라갈 수 없다
다 읽지 못한 향기도
책 안에 침묵을 짓는다

청연 清蓮

한 높은 연못에 푸른 연꽃으로 누워

파문 속에 무장무장 떠 있을 때

빛으로 오는 그대 발자국 소리와

바람으로 오는 그대 숨결을

내 향기 머무는 허공에 모아두고

미소 하나로 솟구쳐오르면

냉기 덮어 주는 그대 그림자

다르지 않다

구름 위에 누운 그대는
새로 돌아오는 연초록 잎에 든
동박새와 다르지 않다
물 위에 앉은 나뭇잎과 다르지 않다

쉼없이 골짝물에 떨어진
물 든 나뭇잎
강물에 몸 맡기고 흐르다가
굽도는 물목에 이르러
고개 쳐든 자갈돌에 몸 기대어
잠시 쉬어가기로 한다

초록 식사

초록과 마주 앉아 아침 밥술을 뜬다
가죽나물 향을 씹는다
뒤늦게 찾아온 직박구리 한 쌍도
콩자반 앞에 앉혀 두고
부르지 않아 못 본 체 지나쳐가는
춤추는 능수버들 가지도 숟가락에 올린다
연두에 빠진 몸이 숲에 든다

물처럼

나는 바람 부는 이 지상에

물 한 방울로 떨구어져

황토 산천을 흘러간다

불을 만나 몸을 끓이다가

수평 끝에 가 닿아서는

붉은 해를 띄워 올리고

저물녘 안개꽃 다발로 사라진다

후기/강영환

침묵도 언어다

 나에게 침묵이 있었던가. 깊이 헤아려 보아도 나는 그동안 참 많은 말을 쏟아냈다. 그 말들이 내 작품 속에 남아 나의 뒷목을 움켜 쥔다. 산업사회나 정보화사회에서는 침묵하기는 쉽지 않다. 그동안 침묵하지 못하고 대응하그 그것들과 투쟁해 왔다.

 오랜 수행 끝에 광명을 본 스님들도 정각을 드러내는 게송을 읊어 깨달음의 경지를 펼쳐 보인다. 그만큼 침묵은 어려운 것이다. 침묵도 언어라고 했다. 침묵은 동양화에 비워져있는 여백 같은 것이다. 그림 속에서 비워져 있어도 그 여백에는 많은 형상들이 잠재해 있다.

 사물놀이에서 농악을 선도하는 꽹과리가 어떤 가락의 경지에 도달하면 자신의 역할을 끝내고 뚝 소리를 끊고 만다. 그런데도 가락은 계속해서 이어나간다. 이때 소리를 끊은 꽹과리가 자신 역할을 빠져나와 비어버린 그 공간, 다른 악기들은 열심히 연주하는 마당에 연주 없이도 이어지는 침묵의 가락인 것이다.

침묵은 사부대중 앞에 설법을 마친 부처님이 들어 보인 연꽃이며, 그 꽃을 보고 가섭존자가 빙긋이 지은 미소인 것이다. 이때 그 침묵은 어떤 말보다 더 많은 의미를 품어가진다.

　염화시중의 미소는 침묵으로 이뤄진 설법이다. 이심전심으로 이뤄진 대화야말로 가장 근원에 닿아 있는 본질적인 언어. 진심으로 서로를 이어주는 대화인 것이다. 이것 말고 어떤 대화가 이보다 더 깊이있게 상대를 포용할 수가 있을 것인가.

　나는 '눈으로 말한다'의 의미를 새긴다. 아기를 안은 엄마가 아기와 눈을 맞추며 바라볼 때 아기가 옹알이로 엄마에게 하는 말이 침묵과 같은 언어이다.

　말의 시작은 침묵이다. 침묵 속에는 생각이 들어 있다. 말하기 전의 숱한 생각들이 교차해 가면서 일어나는 발심이 담겨져 있다.

　불교 경전 금강경에 '보이는 것은 믿어서는 안되며 그렇다고 보이지 않는 것을 믿어서도 안된다'고 하였다. 이는 결국 의미에 갇히지 말라는 것이다.

　말은 자주 의미에 갇힌다. 불교에서 말하는 선禪은 의미의 태반에 대한 전쟁이라는 것이며 이는 의미를 차단하는데 목적이 있다. 곧 무언의 상태가 해탈인 것이다. 침묵의 언어는 바람 소리이며 물소리다. 침묵의 언어는 내 안에 고여 있는 피멍이다. 파도 멍, 물결 멍, 강물 멍, 햇살 멍. 허공 멍, 바람 멍, 풍경 멍 등 온갖 멍 때리는 행위가 뭉쳐 만든 빈터이며 허공이다. 불교에서 사용하는 공空과도 같다. 그래서 침묵의 언어는 의미가 영도에 멈춰있다. 그러기에 0도의 언어는 산문적 판단이나 의미를 거부한다. 주체와 대상을 뛰어 넘어 존재하는 언어다. 그것은 안과 밖이 없는 언어이며 돈오돈수의 경지에 서 있는 언어를 말한다. 이는 진여를 찾는 구도자의 모습으로 내게온다.

  화두를 붙들고 앉은 푸른 스님이
  없는 문고리를 당겨 열려고 한다
  화두는 삼만리는 더 달아나서
  도무지 가까이 오려하지 않는다
  화두는 상식이 아니다 화두는
  손으로 잡을 수 있는 문고리가 아니다
  정각에 닿는 문은 직선에 있지 않아
  문고리를 잡아당길 수 없다
  그냥 문을 떼어라

―「화두」 전문

묵언수행 하는 승려처럼 침묵은 자기 수행이다. 말을 아껴 자신의 본래에 도달하고자 한다.

경허의 제자에는 만공, 수월, 혜월이 있다.

만주로 길 떠나는 수월이 만공과 마주 앉았다. 둘 사이에 놋그릇을 두고서 만공이 수월의 수행 정도를 알아보기 위해 물었다.

"비어 있는 놋그릇과 무엇을 가득 담은 놋그릇을 한마디로 말하면 무엇이라 하겠는가?"

수월이 놋그릇을 방문 밖으로 던져 버리고 침묵했다. 그러자 만공이 껄껄껄 웃으면 수월의 손을 잡고 함께 웃었다. 두 스님의 수행 정도를 보여주는 일화로 널리 회자되는 만행이다.

내가 알고 있는 것은 모두 낡은 것이다. 새로운 것은 침묵 속에 있다. 그것을 찾으러 침묵 속으로 걸어간다.

이 요설이 나의 침묵을 망치지 않기를 바란다.